W0406531

Sauve la planète !

L'orthographe rectifiée est appliquée dans cet ouvrage.

MIXTE
Papier issu de sources responsables
FSC® C022030

© 2019 Éditions NATHAN, SEJER, 25, avenue Pierre-de-Coubertin, 75013 Paris
Loi n° 49-956 du 16 juillet 1949 sur les publications destinées à la jeunesse, modifiée par la loi n° 2011-525 du 17 mai 2011.
ISBN : 978-2-09-258837-6 – Dépôt légal : mai 2019

Gaël Aymon

Les grandes ANNÉES

Sauve la planète !

Illustrations d'Élodie Durand

Nathan

Le matin, c'est mon père
qui nous accompagne tous à l'école.

Le soir, ça n'est jamais la même personne
qui vient nous chercher.

Lundi

Mardi

Mercredi

Jeudi

Vendredi

CHAPITRE 1

Planète en danger !

De nous cinq, Oscar avait toujours été le plus secret. Du coup, quand il s'est mis à changer de comportement, on ne l'a pas tout de suite remarqué.

Tout a commencé un lundi après-midi, chez mon père, alors qu'on s'apprêtait à gouter dans la cuisine. Edvin, Ysée et Luce se disputaient le pot de Tartinella dont j'avais déjà vidé la moitié entre deux tranches de brioche. Mais quand

Ysée a passé le bocal presque vide à Oscar, il l'a repoussé sans même le regarder.

– Non merci, a-t-il grogné en fronçant les sourcils. Je ne mange plus de ce truc. C'est plein d'huile de palme qui fait disparaitre les forêts où vivent les derniers orangs-outangs qui vont tous mourir et ça sera votre faute.

Un silence gêné a suivi sa tirade. J'ai observé avec dégout ma tartine entamée.

– Tu veux dire que mon Tartinella fait disparaitre les orangs-outangs ?

– Ben oui ! a répliqué Oscar d'un air sévère. C'est écrit dans mon livre.

Et il s'est replongé dans le livre en question. C'était un cadeau de sa tante, dont il ne se séparait plus depuis quelques jours. Un livre aussi épais qu'un dictionnaire, avec un titre en grosses lettres : *PLANÈTE EN DANGER !*. Oscar me l'avait déjà montré dans la cour de l'école, mais je ne m'y étais pas intéressée.

J'ai posé mon gouter, incapable de le terminer. Edvin s'en est emparé avec gourmandise, mais il s'est retenu de l'engloutir quand il s'est aperçu qu'on le dévisageait tous.

– Je n'ai plus très faim, a marmonné Ysée.

– Finalement, je n'aime pas trop le Tartinella ! a renchéri Luce.

Une fois dans ma chambre, Edvin a tenu à nous montrer les nouvelles cartes qu'il venait de gagner à la récré. En temps normal, Oscar aurait admiré sa collection, mais pas cette fois. Il est allé s'assoir dans un coin en lisant son livre. Puis il s'est relevé pour aller éteindre la lumière du plafond.

– Il fait encore assez jour, ça ne sert à rien d'éclairer ! m'a-t-il reproché. Ça gaspille de l'énergie, ça réchauffe le climat et ça pollue la planète !

Il est retourné lire quelques minutes, avant de demander soudain :

– Il y a un thermomètre dans ta chambre ?

Je l'ai dévisagé avec méfiance.

– Heu, non... ai-je répondu. Pourquoi ?

– Tu ne trouves pas qu'il fait super chaud, chez toi ? Même en hiver, une température de 18 degrés suffit largement à l'intérieur. Trop

de chauffage, c'est mauvais pour la santé, ça développe les microbes, ça réchauffe le climat et c'est...

– Oh, tu m'énerves ! me suis-je emportée. C'est aussi écrit dans ton livre, tout ça ?

– C'est vrai, a approuvé Luce. T'es pas marrant aujourd'hui.

Même Edvin était énervé.

– On dirait qu'on n'a plus le droit de rien faire ni de rien manger !

Oscar nous a lancé un regard noir.

– Si tout le monde se fichait autant que vous de la planète, alors... ça serait la fin de l'humanité !

Sa réflexion n'a pas vraiment mis une bonne ambiance. Je l'ai observé longuement tandis qu'il reprenait sa lecture en boudant. Je ne reconnaissais plus mon ami. J'espérais qu'Oscar allait redevenir comme avant dès qu'il aurait fini son livre. On était loin de s'imaginer ce qui nous attendait !

Chapitre 2

Éduquer les parents

– Les enfants, arrêtez de courir dans tous les sens. On n'est pas sur un terrain de foot !

Emma, la babysitteur des jumelles, se fâchait pour de bon, ce qui était rare. On a traversé l'allée centrale du supermarché pour la rejoindre devant le rayon frais.

– On ne joue pas au foot, s'est justifiée Luce, on joue à l'épervier !

– Vous me faites honte ! Les gens nous regardent !

– C'est parce qu'ils nous trouvent beaux ! s'est marré Edvin.

– Non, c'est parce qu'ils pensent que je n'ai pas d'autorité, a grondé Emma. Faites comme Oscar, tenez-vous tranquilles !

On a regardé Oscar de travers. Armé de son livre, il étudiait le contenu du charriot de courses, comme un détective à la recherche d'un indice.

– Faute ! s'est-il exclamé soudain en tirant une bouteille de shampoing du panier.

– Comment ça, « faute » ? s'est étonnée Emma.

– Cette marque de produits utilise des composants allergènes. Certains peuvent même donner le cancer. Le plastique de la bouteille n'est pas recyclable. Le sigle sur le flacon indique que le shampoing pollue les rivières et, en plus, il a été testé sur des animaux !

Avant qu'on ait pu placer un mot, Oscar vidait le Caddie sous nos yeux.

– Les ingrédients de ce plat cuisiné viennent de dix pays différents : ils ont parcouru des milliers de kilomètres en avion et pollué la planète ! Ces piles ne sont pas rechargeables ! Ce chocolat ne contient que de l'huile et du sucre, qui favorisent l'obésité, les caries et les problèmes de cœur...

Emma l'a interrompu :

– Je suis désolée, Oscar, mais les parents de Luce et Ysée m'ont confié une liste précise de courses. Je leur rends un service en les faisant à leur place ce soir, je ne vais pas la changer pour te faire plaisir !

– Nos parents polluent la planète ? s'est écriée Ysée.

– Quand on voit ce qu'ils achètent... a marmonné Oscar avec sévérité. On dirait même qu'ils cherchent à vous empoisonner !

Les jumelles ont lancé un regard désespéré à Emma.

– Tu exagères ! a-t-elle soupiré. Regarde, j'ai pris des bananes bio.

On a fixé le sachet de bananes comme s'il pouvait nous rendre moins coupables d'avoir participé à la destruction de la planète. Oscar inspectait l'étiquette en consultant son livre.

– Elles sont suremballées ! a-t-il finalement décrété. Le plastique va étouffer des tortues de mer. Et comme elles poussent dans un pays hors d'Europe, elles peuvent être couvertes de pesticides, même avec l'étiquette « Bio ».

Emma devait regretter d'avoir cité Oscar en exemple. Mais comme elle a vu qu'on commençait tous à stresser, elle a filé vers les caisses sans rien ajouter.

Dès qu'on est arrivés chez les jumelles, on s'est rassemblés autour d'Oscar.

– Nos parents sont des criminels ! s'est lamentée Ysée.

– Ils ne s'en rendent peut-être pas compte, ai-je tenté de la rassurer.

Edvin était horrifié.

– La planète est en danger... et on est tous complices !

– On doit agir ! a déclaré Oscar d'un ton dramatique. C'est écrit dans mon livre : « Il faut éduquer ses parents. »

– Ils sont déjà allés à l'école ! a fait remarquer Ysée.

– Oui, mais à leur époque, on croyait que la Terre était plate ! Il faut leur ouvrir les yeux !

Sous ses directives, on a commencé à écumer toutes les pièces. Rien ne devait nous échapper : les listes d'ingrédients dans la cuisine, les produits ménagers dans les toilettes, les crèmes et les lotions dans la salle de bains, les meubles, les jouets, les vêtements... Avec des stylos et une paire de ciseaux, on a créé des étiquettes à scotcher sur les mauvais produits. Après un long travail, la maison des jumelles

était entièrement décorée de papiers multicolores, collés un peu partout. On aurait dit un magasin où tout aurait été à vendre. Sauf que, à la place des prix, nos étiquettes indiquaient « POISON », « TRANSPORTÉ EN AVION », « TUEUR D'ABEILLES », « POLLUEUR DE RIVIÈRE »…

Les parents allaient être fiers de nous !

CHAPITRE 3

Trop ou pas assez ?

Malheureusement, le père d'Ysée et Luce n'a pas réagi comme on l'espérait. La nouvelle déco ne lui a pas du tout plu et on a été obligés de retirer nos étiquettes en vitesse. En plus, Emma s'est fait reprocher de ne pas nous avoir surveillés. Mais le plus fâché, c'était le père d'Oscar. Quand il est venu chercher son fils et qu'il a appris toute l'histoire, il est devenu rouge de honte.

– J'avais bien dit à sa tante que ce bouquin n'était pas une bonne idée, s'est-il excusé. Ce ne sont pas des problèmes de leur âge !

Oscar se tenait tête baissée, au centre de tous les regards.

– On ne va pas chez les gens pour leur donner des leçons de morale ! l'a sermonné son père. Est-ce que tu es irréprochable, toi ? Ton livre, par exemple, il est fait en papier. Imagine combien d'arbres ont été coupés pour le fabriquer !

Mais Oscar avait vraiment réponse à tout.

– Il est imprimé sur du papier recyclé avec des encres écologiques, a-t-il rétorqué.

– Allez, ce n'est pas si grave, a assuré le père des jumelles en voyant que celui d'Oscar allait se mettre en colère.

– On croyait bien faire, est intervenue Ysée. Mais on en a peut-être fait un peu trop...

– Trop ? s'est indigné Oscar. Eh bien, moi, je crois que pour sauver la planète, coller des étiquettes, ce n'est pas trop ! C'est trop peu !

C'est à ce moment-là que ma mère a sonné à la porte d'entrée. Je suis allée chercher mon cartable dans la chambre. Quand je suis redescendue, Oscar et son père étaient partis.

Sur le chemin du retour, Maman m'a interrogée :

– Dis donc, il y avait une drôle d'ambiance chez les filles... Le papa d'Oscar avait l'air de très mauvaise humeur.

Je lui ai tout raconté : le livre d'Oscar, le Tartinella, le supermarché, l'éducation des parents...

– ... et à la cantine, ce midi, ai-je ajouté, Oscar n'a rien voulu manger. Il a dit aux dames de service que l'élevage de bœuf réchauffait la planète et que les légumes non bio étaient aussi dangereux pour la santé que des bonbons ou des médicaments.

On s'est arrêtées à un passage piéton. Le froid dessinait des petits nuages devant nos bouches.

– Et qu'est-ce que tu en penses, toi ? m'a demandé ma mère.

– Ben, c'est vrai qu'on a un peu abusé... ai-je commencé. Mais je ne suis pas complètement d'accord avec le père d'Oscar. On n'est plus des bébés. C'est normal qu'on ait envie de savoir ce qui se passe dans le monde ! Oscar est pénible quand il est stressé, mais s'il n'a plus le droit de parler des choses qui l'inquiètent, il va stresser encore plus et devenir encore plus pénible !

On a marché en silence jusqu'à notre immeuble. J'avais l'impression que ma mère trouvait tout ça plutôt rigolo mais qu'elle hésitait à le dire.

– Et toi, tu en penses quoi ? ai-je fini par lui demander en montant l'escalier.

– Je pense comme toi, a-t-elle avoué avec un sourire. Je pense que ce serait dommage de ne pas encourager une vocation naissante !

Je n'ai pas tout à fait compris le sens de sa

phrase. Par contre, j'ai reconnu la petite lumière dans ses yeux. Parce qu'on était pareilles toutes les deux. De vraies jumelles de cerveau ! Et quand ma mère avait cet air-là, je savais qu'elle avait une idée derrière la tête.

CHAPITRE 4
La part du colibri

Le vendredi suivant, il avait neigé toute la journée ! Sur le chemin du retour de l'école, Luce et Ysée ont couru devant pour nous lancer des boules de neige à l'angle d'une rue. Avec Edvin, on a ramassé des brassées entières de neige sur les pare-brises des voitures garées, avant de les poursuivre en criant vengeance. Oscar avait retrouvé sa bonne humeur. Même ma mère a participé à la bataille.

– Attendez, les enfants ! s'est-elle écriée tout à coup alors qu'on se dirigeait vers notre immeuble. Je voulais vous emmener ici avant de rentrer.

On l'a rejointe devant un grillage avec un portail de bois. Un monsieur est venu nous ouvrir et a fait la bise à Maman.

– Salut, Olivier, l'a-t-elle salué. Pas trop froid ?

– C'est quoi, cet endroit ? a demandé Edvin en passant le portillon.

– C'est un jardin partagé dont on est membres, avec Olivier, a répondu ma mère. Je viens juste de m'y inscrire, mais avec la neige je n'avais pas encore pris le temps d'y emmener Ness.

– L'hiver n'est pas la meilleure saison, a expliqué l'homme. Le jardin est en sommeil. Il n'y a pas grand-chose à voir !

Il s'est avancé dans les petites allées.

– Là, au printemps, on aura des légumes. Les arbres derrière donneront des prunes et peut-être quelques pommes…

Des structures en bois se dressaient un peu partout : une cabane peinte de toutes les couleurs, un moulin à vent fabriqué avec de vieilles planches, un drôle de muret arrondi couvert de mosaïques qui encerclait un trou.

– Et là, a poursuivi Olivier, c'est la future mare qu'on a commencé à creuser pour accueillir des insectes et des grenouilles…

– Les grenouilles sont très fragiles, a commenté Oscar. C'est difficile pour elles de survivre dans la pollution.

Olivier l'a regardé.

– Alors c'est toi qui te préoccupes de l'avenir de notre planète ?

– Bof ! a soupiré Oscar en se renfrognant. On

habite dans la ville la plus nulle du monde. Il n'y a pas de plages à nettoyer, pas de forêts à entretenir, pas de rivières à protéger. Le seul espace vert, c'est le gazon de la ligne de tram !

– Pas tout à fait, l'a repris ma mère. Ce jardin est peut-être le seul petit espace vert de notre ville, mais des gens s'y retrouvent pour jardiner, échanger, et essayer d'en faire un abri accueillant pour la nature et pour la vie. C'est mieux que rien, non ?

– Est-ce que vous connaissez la fable du colibri ? a demandé Olivier en se tournant vers nous.

– Ah oui ! s'est écrié Edvin. La maitresse nous l'a racontée. C'est un colibri, un tout petit oiseau, qui vit dans la forêt et...

– ... et il y a un grand incendie ! me suis-je empressée de continuer, parce que Edvin racontait très mal les histoires, selon moi. Tous les animaux s'enfuient devant les flammes. Mais le colibri fait des allers-retours jusqu'à la rivière en transportant de minuscules gouttes d'eau dans son bec...

Edvin m'a coupé la parole :

– Les autres animaux, ils se moquent de lui ! Ils lui disent : « Comme si on pouvait éteindre un incendie avec quelques petites gouttes ! Pourquoi te fatiguer pour rien ? »...

– Mais le colibri, l'ai-je interrompu de nouveau, il leur répond : « Au moins, je fais ce que je peux. Je fais ma part ! » Et les autres animaux ont tellement honte qu'ils s'y mettent aussi. Et à eux tous...

– ... ils éteignent l'incendie ! conclut Edvin à ma place.

J'étais vexée, parce que je voulais terminer

l'histoire à ma façon. Les autres ont rigolé comme s'ils avaient assisté à un spectacle comique. Sauf Oscar, qui a grogné :

– C'est exactement ce que je disais : si tout le monde ne s'y met pas, on ne peut pas éteindre un incendie. Tout seul, on ne pourra jamais sauver la planète entière. Alors rien ne sert à rien !

Olivier s'est accroupi devant lui.

– Non, cette histoire dit seulement qu'il faut faire les choses comme on peut, à sa mesure. Tu vois les choses en très grand. Mais peut-être que tu pourrais commencer par plus simple. Des petites choses qui grandiraient en même temps que toi !

Oscar a réfléchi un moment. Il a hoché la tête, et puis il a souri.

CHAPITRE 5

Des petites choses

– Bon alors, qui commence ? ai-je demandé solennellement.

On s'était rassemblés dans la minuscule chambre d'Oscar et de ses sœurs, entre le lit à barreaux et le palais en plastique des poneys magiques. Depuis l'histoire du colibri, chacun de nous avait réfléchi aux petites actions à réaliser pour sauver la planète « à notre mesure ».

– J'ai pensé qu'on pourrait ramasser toutes

les crottes de chien dans les rues, a lancé Luce. La ville serait propre et on pourrait en faire de l'engrais pour le jardin partagé !

Un silence sceptique a accueilli sa proposition. Pour ne pas la vexer, et comme on allait devoir voter pour la meilleure idée, Oscar l'a notée sur une feuille.

– Pas sûr que les parents soient d'accord ! a-t-il quand même fait remarquer.

– Et si on plantait des fleurs dans les trous des routes et des trottoirs défoncés ? a suggéré Ysée. J'ai vu faire ça à la télé.

– Intéressant... a jugé Oscar.

– Mon idée, c'est de faire signer une pétition par les habitants de la ville pour demander à la mairie que tous les repas de la cantine soient bio ! ai-je déclaré à mon tour, très fière de moi.

Edvin a enchainé :

– Et moi, j'ai pensé qu'on pourrait fabriquer des toilettes pour les pigeons ! Pour qu'ils aient un endroit où faire ça proprement.

– Comment tu vas les forcer à y aller ? ai-je demandé, agacée que personne n'ait salué ma proposition géniale.

– En mettant un panneau « Toilettes à pigeons » dessus ! a-t-il répliqué en haussant les épaules.

C'était au tour d'Oscar d'exposer son idée.

– On est obligés de faire des petites choses, vu qu'on est trop petits pour en faire des grandes, a-t-il commencé. Alors je me suis dit qu'on devrait aussi penser aux plus petits que nous. Comme les oiseaux !

– C'est la même proposition que moi ! a protesté Edvin.

– Pas exactement, a répondu Oscar. Les pigeons se débrouillent très bien dans les villes. Mais pour les petits oiseaux, ceux qui sont en train de disparaitre dans les campagnes, survivre ici est beaucoup plus difficile !

Il s'est levé pour nous montrer les branches nues des arbres enneigés devant sa fenêtre.

– En hiver, les oiseaux n'ont aucun refuge !

Pendant un instant, je crois qu'on s'est tous imaginés à la place des oiseaux, tremblant de froid dans le vent glacé.

– Seuls dans la neige, grelotant, et affamés… a gémi Ysée avec des trémolos dans la voix. Ils vont toquer aux portes des maisons bien chauffées, mais personne ne les entend ! Alors, versant des larmes qui gèlent sur les plumes de leurs joues, ils vont mourir en silence, sans un regard des humains, tous vautrés devant la télé à manger des nuggets de poulet !

Nous lui avons laissé le temps de se faire son cinéma, parce qu'on savait tous qu'Ysée avait besoin de ressentir les émotions très fort, à sa façon. Puis, sans surprise, on a tous voté pour l'idée d'Oscar : fabriquer des nichoirs pour les petits oiseaux !

Chapitre 6

Atelier bricolage

On a dû attendre trois semaines avant de pouvoir réaliser notre petit-projet-qui-deviendra-grand. Le père d'Oscar nous avait aidés à chercher sur Internet des plans de construction de nichoirs.

– Internet fait marcher des super-ordinateurs qui consomment plus d'électricité qu'une ville ! avait objecté Oscar. Il vaut mieux chercher dans des livres !

Mais pour sauver les oiseaux, il avait accepté de mettre ses principes de côté. Chacun de nous avait choisi un modèle différent, dont on avait imprimé le plan. Dès le premier weekend sans neige ni pluie, on était allés au jardin partagé pour la fabrication.

Heureusement que ma mère, le père d'Oscar et Olivier, le jardinier, étaient là pour donner un coup de main ! Parce qu'il fallait scier,

percer, clouer, visser, poncer, et que ça n'était pas aussi facile que dans nos rêves.

– Quelle drôle de forme il a, le tien ! s'est étonné le père d'Oscar en regardant mon plan.

– C'est un nichoir à chauvesouris ! ai-je expliqué. Parce qu'on ne pense jamais aux animaux qu'on trouve moches. Mais le livre d'Oscar dit qu'ils sont aussi utiles que les autres !

Luce avait choisi un modèle rigolo en forme de losange, Ysée un nichoir à balcon avec une mangeoire intégrée, et Oscar un nichoir-chalet avec un toit comme une maison.

– Ils pourront accueillir des mésanges boréales, des rougegorges, des rougequeues ou des moineaux, a dit ma mère.

Edvin avait gardé son idée de toilettes pour pigeons. Olivier l'aidait à confectionner un modèle de nichoir-buche, pour lequel il fallait scier puis creuser une grosse buche avec un ciseau à bois, ce qui avait l'air difficile et dangereux.

Tout ce travail prenait du temps. Un peu trop à notre gout. On avait fini par aller jouer dans le jardin. Quand on était revenus voir les adultes, parce que nos estomacs nous rappelaient l'heure du gouter, ils étaient installés autour d'un café, avec des pansements aux doigts et l'air un peu fatigué. Les nichoirs étaient presque terminés.

– Je vais peindre le mien en noir, comme Batman ! me suis-je écriée. Les chauvesouris vont adorer !

– On pourrait coller des paillettes et des décorations ! s'est exclamée Luce.

– Les peintures et les colles sont toxiques ! a protesté Oscar. Vous voulez que vos nichoirs se transforment en cercueils à oiseaux ?

Après tout, ils étaient très beaux comme ça. Celui d'Edvin était impressionnant. La buche était très grosse et lourde, avec un grand trou, de la taille d'un pigeon, sur le devant. Au-dessus, Olivier avait cloué un petit panneau sur lequel il avait gravé « W.-C. à pigeons ».

– Alors, nous a interpelés ma mère, où est-ce qu'on va les mettre, vos abris à oiseaux ?

On n'avait pas encore réfléchi à ce détail.

– Les jumelles sont les seules à avoir des arbres chez elles, a répondu Edvin.

– Vous pourriez les installer au jardin partagé, a suggéré Olivier. Ça vous donnerait une raison de revenir !

Mais j'avais une meilleure proposition.

– Les nichoirs, c'est une idée d'Oscar ! On devrait tous les accrocher au-dessus de la fenêtre de sa chambre, en face des arbres du square où les oiseaux meurent de froid. Ils les remarqueront tout de suite et on pourra les observer !

Pas besoin de voter, toute la bande était d'accord. Avant la nuit, on a apporté nos œuvres chez Oscar. On a encore eu besoin des parents, parce que la fenêtre était très haute, au dernier étage du bâtiment de notre école. Mais, vu d'en bas, le résultat faisait trop joli ! Comme une guirlande

de petites maisons en bois, un village miniature.

– Pourquoi les oiseaux n'arrivent pas pour se mettre au chaud ? s'est étonnée Ysée.

– Ils dorment peut-être déjà ? a suggéré sa sœur.

– Non, ils viendront au printemps, pour pondre leurs œufs, a expliqué Oscar. Il faut être très patient avec l'écologie !

Alors, pour patienter, on a filé chez les parents des jumelles qui avaient organisé un grand diner pour tout le monde. Et on a fait la fête tellement tard qu'on a surement empêché les oiseaux de dormir.

CHAPITRE 7

On sauve la planète (en cachette)

Les semaines ont passé, le printemps approchait, et notre patience s'envolait.

– Toujours rien ! s'est désolé Edvin en regardant les nichoirs vides.

Depuis la fenêtre d'Oscar, on voyait les arbres se couvrir de nids, les oiseaux voleter de branche en branche.

– Ils n'aiment pas nos maisons ! a soupiré Ysée.

D'après les parents, on s'y était sans doute pris à la mauvaise saison, ou bien les nichoirs étaient trop proches des habitations. Moi, je pensais plutôt que les chiens d'Oscar devaient effrayer les oiseaux. Pourtant, ce jour-là, Oscar ne semblait pas aussi déçu que nous. Il souriait, même. Après avoir vérifié qu'aucun adulte n'était dans les parages, il a fermé la porte de sa chambre en posant un doigt sur sa bouche, l'air mystérieux.

– Venez voir ! a-t-il chuchoté avec un clin d'œil.

Sur le rebord de sa fenêtre, il y avait un petit tas de poudre beige.

– Ben quoi ? l'a questionné Luce.

– C'est de la sciure de bois ! a annoncé Oscar. Et à votre avis, d'où est-ce qu'elle est tombée ?

Nos regards ont suivi la direction de son index. Il pointait le nichoir d'Edvin, juste au-dessus du tas de sciure. En regardant attentivement, j'ai fini par apercevoir un trou bien rond, large comme un pouce d'adulte, percé dans le bas de la buche.

– Tu as troué mes toilettes à pigeons ? s'est vexé Edvin.

– C'est pas moi ! a répliqué Oscar. C'est un trou d'abeille charpentière, une espèce d'abeille solitaire toute noire ! Je l'ai vue faire.

On fixait tous le trou comme si l'abeille allait en surgir pour nous saluer.

– Elle est venue pondre ses œufs dans ta buche, a poursuivi Oscar. Quand les abeilles vont naitre, elles auront besoin de manger avant de s'envoler. On va installer des jardinières de fleurs pour elles !

– Elles ne risquent pas de nous attaquer ? s'est inquiétée Ysée.

– Non, elles ne piquent pas, l'a rassurée Oscar. Tu verras, elles sont trop belles ! Avec des ailes bleues, comme des fées. C'est très rare d'en avoir dans les villes !

Quelque chose me perturbait.

– Mais alors, pourquoi en faire un secret ? ai-je demandé.

Oscar a hésité avant de nous expliquer :

– Les parents ne vont pas aimer ça. J'ai lu que

ces abeilles reviennent chaque année pondre à l'endroit où elles sont nées. Si elles sont trop nombreuses à revenir, elles risquent de se mettre à creuser le bois de ma fenêtre, les poutres du toit… Ça pourrait faire des dégâts !

– Mais c'est hyper dangereux ! me suis-je écriée.

– N'importe quoi, a rigolé Edvin. Il faudrait vraiment qu'elles soient des millions !

– Dans le monde entier, les abeilles sont en train de disparaitre, a ajouté Oscar. Alors qu'elles transportent le pollen des fleurs pour faire pousser les fruits et les légumes qu'on mange. On ne peut pas vivre sans elles. Donc, sauver une seule abeille, c'est encore mieux que d'avoir sauvé des oiseaux !

On est restés silencieux un moment. Puis Luce a murmuré :

– C'est comme le colibri : une toute petite bête qui peut faire des grandes choses !

– Et c'est grâce à mes toilettes pour pigeons ! s'est félicité Edvin.

On s'est promis de garder le secret. J'étais un peu effrayée d'imaginer l'école transformée en passoire par des milliards d'abeilles. Mais je me suis dit qu'Oscar avait raison. Après tout, quelle importance ? Si on avait sauvé la planète, on aurait vécu nos plus grandes années !

Table des matières

Gaël Aymon, l'auteur

© E. Hautier

Avant d'être auteur jeunesse, Gaël Aymon a travaillé dans le cinéma et a enseigné le théâtre aux enfants et aux adolescents. Connaisseur des contes, il écrit des albums et des romans pour un public à partir de 5 ans jusqu'aux jeunes adultes. Ses livres ont obtenu de nombreuses récompenses.
On lui demande souvent s'il a vécu la même chose que ses personnages. Si c'était le cas, il aurait vraiment eu une vie incroyable ! En fait, il a une vie plutôt normale et préfère inventer ce qu'il raconte.

Retrouve-le sur gaelaymon.com !

Élodie Durand, l'illustratrice

Élodie Durand est diplômée de l'école des Arts décoratifs de Strasbourg. Depuis 2003, elle travaille pour l'édition, la presse adulte et jeunesse. Elle a toujours dessiné ses émotions, ses joies et ses peines. Enfant, lorsqu'elle avait quelque chose à communiquer, elle faisait un dessin. Si elle était fâchée avec ses copines, elle les griffonnait et les faisait super moches pour laisser filer sa colère. Ses « grandes années » ont débuté à l'école maternelle avec le « Prix de l'entente joyeuse ».

GRAND CONCOURS DE LECTURE ET D'ÉCRITURE !

Plumes en herbe

Chaque année, les Éditions Nathan organisent le concours Plumes en herbe, destiné aux classes de CP et CE1 d'une part et de CE2, d'autre part.

À partir de la première partie de *Sauve la planète !* de Gaël Aymon, les élèves étaient invités à écrire la suite de l'histoire.

Plus de 212 classes ont participé au concours. Nous t'invitons à découvrir ici l'histoire gagnante !

Bravo à la classe de CE2 de Sylvie Bayon, de l'école élémentaire publique de La Rivière-Saint-Sauveur (14) :

Élise, Jade, Iphigénie, Kyllian, Hugo, Maëlys, Sybille, Mattys, Justine, Lise, Titouan, Alex, Emma, Jusilia, Eden, Antonin, Laïlla, Assia, Alice et Constant !

Ils gagnent la publication de leur histoire et un rallye découverte de trois jours à Paris !

Pour découvrir toutes les histoires des élèves, rendez-vous sur **www.plumesenherbe.fr**

École élémentaire publique de La Rivière-Saint-Sauveur

Sauvons la planète !

Élise, Jade, Iphigénie, Kyllian, Hugo, Maëlys, Sybille, Mattys, Justine, Lise, Titouan, Alex, Emma, Jusilia, Eden, Antonin, Laïlla, Assia, Alice, Constant

Classe de CE2 de Sylvie Bayon

Nathan

Résumé des chapitres 1 et 2

Depuis qu'il a reçu le livre *PLANÈTE EN DANGER !* Oscar est devenu insupportable. Il nous a demandé de ne plus manger de Tartinella avec de l'huile de palme, de ne pas allumer la lumière en journée et de baisser le chauffage. Quand on a fait les courses pour les parents des jumelles, il a examiné tout le charriot : composants, plastique, pollution... Rien n'allait !

Même s'il était un peu pénible, on s'est dit qu'il avait raison : il fallait agir pour sauver la planète !

On allait commencer par sensibiliser nos parents. On a donc décidé d'inspecter toute la maison des jumelles et de coller des étiquettes sur les mauvais produits : « POISON », « TUEUR D'ABEILLES », « POLLUEUR DE RIVIÈRE », etc. Rien ne nous a échappé !

Les parents allaient être fiers de nous...

Chapitre 3

En classe !

Je me rappellerai toujours de la tête des parents de Luce et Ysée quand ils sont rentrés chez eux.

– Qu'est-ce qu'il se passe ici ? a demandé le papa des jumelles.

– Pourquoi la maison ressemble à un sapin de Noël ? a dit leur maman.

– Y'en a ras-le-bol ! s'est écriée Luce.

– Notre Terre ressemble à une grosse poubelle, a rajouté Ysée.

– Et c'est à cause de vous ! ai-je pointé du doigt les deux adultes.

– Mais qu'est-ce qu'on a fait ? a questionné la mère des filles.

– Vous achetez beaucoup trop de produits nocifs pour la santé et l'environnement ! a répondu Edvin.

– Mais de quoi parlez-vous ?

– On va vous expliquer, a dit Oscar.

Ni une ni deux, les jumelles ont attrapé leurs parents par le bras et les ont accompagnés jusqu'à une chaise.

Pendant ce temps, j'ai allumé le vidéoprojecteur emprunté à ma cousine Justine. Oscar a accroché des affiches sur les fenêtres et les murs.

Les parents ont commencé à protester, mais on leur a cloué le bec en leur collant du scotch sur la bouche.

– Nous allons vous apprendre à mieux protéger la planète et notre santé, a annoncé Oscar.

On a commencé par leur projeter un petit film qui montrait les dégâts de l'utilisation du plastique. On y voyait des tortues qui, après avoir avalé un sac en plastique en pensant manger une méduse, mouraient échouées sur la plage.

Le présentateur du documentaire expliquait :

– En jetant les récipients en plastique dans la mer, on participe tous à la formation d'une énorme étendue de déchets de la taille d'un continent...

À la fin du film, les deux spectateurs avaient les yeux grands comme des soucoupes. Ils ont retiré le ruban adhésif de leur bouche.

– Oh, la la ! C'est triste, tout ça, quand même, a commenté le père des jumelles.

– Oui, tu as raison, mon chéri. Les enfants,

c'est décidé, on va essayer de faire attention maintenant, a promis la maman. Mais, là, c'est l'heure de préparer à manger. Désolée, Edvin, Oscar et Ness, vous devez rentrer chez vous. Rangez ce bazar et décollez toutes ces étiquettes avant de partir.

– Quoi ? Mais... On n'a pas terminé ! ai-je répliqué.

– Ça suffit ! Ouste ! Du balai ! Il est tard ! s'est énervée la mère d'Ysée et Luce.

Une semaine plus tard, nous avons de nouveau accompagné Emma au supermarché pour vérifier si nos deux élèves avaient bien tenu leur promesse. Résultat ? La liste était encore pleine de cochonneries !

– Mais ils n'ont rien compris du tout ! Il faut essayer une autre méthode ! s'est fâché Oscar.

– Désormais, nous déchirerons toutes leurs listes de courses jusqu'à ce qu'ils comprennent ! a proposé Edvin.

– Super idée ! ont répondu les frangines.

Malheureusement, les parents de mes copines se sont mis au drive ! Nous devions tenter autre chose…

CHAPITRE 4

Le retour des Mégastars

Comme tous les mercredis, Nastia est venue nous chercher à l'école.

J'ai alors raconté à la grand-mère d'Edvin comment on avait essayé de convaincre les parents des jumelles d'arrêter d'acheter des produits dangereux pour la santé et l'environnement.

– Et vous baissez déjà les bras ? a répondu Nastia.

– Non, mais qu'est-ce qu'on pourrait bien faire ? a demandé Oscar.

– Il faudrait toucher un plus grand public, a-t-elle proposé.

– On pourrait faire un concert ! a dit Luce.

– Et si on faisait revivre le groupe des Mégastars[1] ? a continué Ysée.

– Génial ! Chouette idée ! se sont exclamés les copains.

Nous nous sommes réunis chez moi.

Ysée et Luce ont décoré les affiches qui annonçaient notre spectacle tandis qu'Oscar, Edvin et moi avons écrit les paroles de la chanson. Edvin a eu la bonne idée de la chanter sur l'air entraînant de *We will rock you*, du groupe Queen.

Nastia, de son côté, a convaincu son ami, M. le maire, de nous prêter la salle des fêtes du quartier.

1. Voir *L'anniversaire super star*, dans la même série.

– Il a accepté parce que vous faites ça pour une bonne cause.

– Comme ça, l'argent récolté avec la vente des tickets d'entrée pourra être reversé à l'association qui lutte contre la déforestation et pour la protection des orang-outangs qui a écrit mon livre, s'est réjoui Oscar.

Et puis, le grand jour est arrivé !

Après une dernière répétition, nous avons décoré la salle avec des globes terrestres en plastique accrochés au plafond et mis nos costumes. Moi je me suis déguisée en bouteille et mes amis en poubelles de tri.

Les amis, la famille, Emma, notre babysitteur, M. le maire, tout le monde était là ! Même Titouan, mon amoureux !

– Merci d'être venus si nombreux ! N'hésitez

pas à nous accompagner en tapant des mains ! ai-je dit au micro.

Cessons de polluer, arrêtons d'gaspiller
Nettoyons la nature et trions nos ordures
Jetons nos déchets dans la bonne poubelle
Protégeons notre Terre et elle restera belle

Sauvons, (sauvons) la planète (la planète) !
Sauvons, (sauvons) la planète (la planète) !

Roulons à vélo, c'est bien plus écolo
Pensons à recycler pour sauver la forêt
Aidons les animaux, économisons l'eau
Préservons notre santé pour vivre plus âgé

Sauvons, (sauvons) la planète (la planète) !
Sauvons, (sauvons) la planète (la planète) !

Le public était en délire. Il a chanté et dansé avec nous. On a même signé des autographes et un journaliste est venu nous interviewer.

Quelques jours après, l'association nous a chaleureusement remerciés par courrier pour notre don et le maire a fait installer des poubelles de différentes couleurs pour obliger les gens à trier.

Chez nous, nos parents font maintenant attention à ce qu'ils achètent et pensent au recyclage. Enfin !

Tu as aimé ce roman ?
Retrouve d'autres romans de la série !

Les grandes ANNÉES

premiers romans

N° éditeur : 10247115
Achevé d'imprimer en mai 2019 par Pollina (85400 Luçon, Vendée, France) - 89384